AF317636

RÉPUBLIQUE

ET

MONARCHIE;

DU PRINCIPE

UNITAIRE, ÉLECTIF, HÉRÉDITAIRE,

Par L. DAGNEAU.

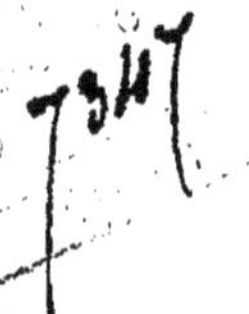

PARIS,

GARNIER FRÈRES, LIBRAIRES,

Rue Richelieu, 10,

ET CHEZ AMYOT, LIBRAIRE, RUE DE LA PAIX.

1852

PARIS. — IMPRIMERIE DUBUISSON, RUE COQ-HÉRON, 5.

RÉPUBLIQUE

ET

MONARCHIE;

DU PRINCIPE

UNITAIRE, ÉLECTIF HÉRÉDITAIRE,

Par L. DAGNEAU.

BIBLIOTHÈQUE NATIONALE IMPRE R. F.

A S. A. I. le Prince Louis-Napoléon,

ET A TOUS LES HOMMES DE BIEN QUI LUI PRÊTENT LEUR PUISSANT CONCOURS.

Il en est des gouvernements comme des familles : autorité d'un seul, respect, obéissance, ce sont les trois grands principes vitaux, l'âme et le lien des sociétés et des familles. Dès l'instant que ce lien est rompu, que chacun commande ou veut commander, il n'y a plus ni autorité, ni respect, ni obéissance; l'édifice social est attaqué dans sa base, sa solidité est ébranlée, il ne tardera pas à tomber.

C'est un vaisseau dont le salut dépend de l'exécution de la manœuvre; or, il n'y a de manœuvre bien ordonnée et bien exécutée qu'autant qu'un seul commande. Que tous ou plusieurs veulent commander, bientôt le navire s'en ira, flottant au gré des vents, échouer sur les rescifs. Pour faire bonne route et gagner heureusement le port, il ne faut qu'un bras au gouvernail, qu'un bras ayant la force de plusieurs.

Ce court préambule suffit pour indiquer l'esprit et le but de cet opuscule : c'est le principe que nous allons défendre.

On a, en France, deux fois essayé de la République, et ceux qui l'ont créée ont tout fait pour la détruire. Tout le monde connaît ce qu'ont produit ces deux essais, ce qui nous dispense de longues dissertations; les faits, d'ailleurs, sont là qui parlent plus haut que tout ce que nous pourrions dire, et l'on en a déjà beaucoup dit; vouloir y ajouter encore serait tomber dans des répétitions que nous voulons éviter.

Nous dirons seulement que le second essai

n'est qu'une reproduction du premier ; ce sont deux tableaux pouvant faire pendants , et qui , plus rapprochés, laissent apercevoir, si ce n'est les mêmes figures, du moins les mêmes traits, les mêmes couleurs : il ne manque, pour les rendre en tout semblables, que d'ajouter au dernier quelques traits de plus, recouverts d'une forte teinte de BRUN-ROUGE...

On sait aujourd'hui ce que coûtent les essais, ce que valent ceux qui les font ou les font faire ; les honnêtes gens savent maintenant qu'ils n'ont rien à gagner et ont tout à perdre aux changements révolutionnaires. Un grand changement s'est opéré ; il s'est opéré miraculeusement, sans révolution, grâce à la main qui règle nos destinées, à la main qui tient le gouvernail. Après la tourmente est venu le calme ; le vaisseau de l'État, tout prêt à faire côte, s'est dégagé ; il vogue maintenant à pleines voiles, avec un vent favorable ; il fera bonne route : l'habile pilote qui tient la barre saura éviter de nouveaux écueils ; il le conduira au port. Prêtons-lui notre appui, et que le ciel aussi lui prête son aide.

L'ordre partout est rétabli ; les brebis égarées sont rentrées au bercail ; le paisible troupeau suit avec confiance le digne pasteur qui le dirige.

Nous réalisons aujourd'hui le gouvernement du père de famille ; réunissons-nous tous autour de lui pour ne former plus qu'une famille : à lui l'autorité, à nous le respect, l'obéissance. Telles sont les destinées humaines, que les uns sont nés pour commander, les autres pour obéir : ici-bas, chacun a son lot, sa ligne tracée ; c'est la part que Dieu nous a faite ; il faut la respecter.

De l'établissement de la famille est sortie la MONARCHIE : MONOS et ARCHÉ, PUISSANCE D'UN SEUL.

Au premier âge du monde, le père était chef de la famille ; le plus prépondérant était chef des familles réunies. Alors le principe électif n'était pas encore connu ; du pouvoir paternel dérive le pouvoir monarchique.

En ces temps reculés, la force physique et le courage constituaient la valeur ; c'étaient les premières qualités de l'homme, les premiers marchepieds des trônes : le premier roi ne dut sa couronne qu'à sa force et à son courage.

Le Gouvernement monarchique est donc le premier et le plus ancien des gouvernements.

L'autorité du père de famille dans sa maison, et du chef dans l'État, était absolue et des plus étendues : ils avaient droit de vie et de mort ; c'est sur ce modèle que s'est formée l'autorité souveraine de ces premiers temps.

Ce principe de souveraineté s'est conservé pendant plusieurs siècles ; il a essuyé des changements ou des modifications à mesure que les diverses nations se sont avancées dans la civilisation.

Il n'est pas de pays au monde où l'autorité paternelle soit plus religieusement respectée qu'en Chine : LA PIÉTÉ FILIALE est le pivot sur lequel tout tourne ; c'est le principe sur lequel s'appuient les lois et le gouvernement pour établir et fortifier leur puissance. Ce principe est tiré de ce que nous devons à l'homme qui nous a produits, ce que nous devons à Dieu, qui a produit l'homme. L'autorité royale prend sa force de l'autorité paternelle ; l'autorité paternelle prend sa force de l'autorité divine. Ces principes sont observés avec une sévérité telle, que, d'après les lois civiles, le fils conserve sa minorité pendant toute la vie de son père ; et les lois criminelles frappent des peines les plus rigoureuses les fautes d'un fils envers ses auteurs. Le père est à l'égard du fils ce que le ciel est aux choses d'ici-bas ; le fils est à son père ce qu'est le sujet à l'égard de son roi.

En Chine, on enseigne au peuple ses devoirs
sociaux en même temps que religieux : cet usage, d'ailleurs, est fort ancien ; il remonte à l'o-
rigine des sociétés ; les DRUIDES instruisaient
aussi le peuple de ses devoirs religieux, civils et
politiques.

Les mœurs anciennes ont une certaine ana-
logie entre elles : cette austérité de principes,
cette candeur, cette sagesse que l'on remarque
dans les peuples du premier âge, toutes ces ver-
tus antiques qui rapprochaient la créature du
Créateur, elles se sont affaiblies par les effets
graduels d'une civilisation plus ou moins corrompue, qui a fait gagner en lumières ce qu'elle
a fait perdre en moralité.

Je viens d'achever et de publier un ouvrage
intitulé : HISTOIRE ET ORIGINE DE LA MO-
NARCHIE FRANÇAISE ET ANGLAISE, ou LES
DEUX NATIONS EN FACE, etc. J'ai donc déjà
étudié la matière et suis compétent pour en
traiter ; mais je ne fais pas ici de l'histoire,
je me borne à poser et à rappeler des principes.

Il est un principe incontestable, consacré
d'ailleurs par l'histoire et l'expérience des temps,
c'est qu'il n'est de STABILITÉ SOCIALE que

dans l'HÉRÉDITÉ DU POUVOIR, ET DU POU-VOIR UNIQUE.

La monarchie de CLOVIS s'est conservée TROIS CENTS ANS dans la même famille; mais elle ne s'y est pas conservée telle qu'elle lui a été léguée. La monarchie de CLOVIS fut grande et puissante, parce qu'il en était le seul et unique chef. Avec la quadruple royauté de ses fils, leur désunion, leurs guerres intestines, se perdirent les éléments de puissance qui avaient fait la force, la grandeur et les succès de leur père.

L'état social sous CHARLEMAGNE commence à se dessiner ; mais il ne prend un caractère de solidité et de durabilité que sous HUGUES CA-PET, alors que l'unité et l'hérédité commencent aussi à se consolider.

Le pouvoir unitaire de CLOVIS fonda une grande monarchie. Le pouvoir divisé et frac-tionné de ses descendants ne fonda rien ; il fut le fléau des peuples. Au chef de la troisième race était réservé de jeter les fondements d'une mo-narchie basée sur un principe durable : elle dura MILLE ANS...

C'est en fortifiant le pouvoir qu'on rend les sociétés fortes et durables : un pouvoir fort fait

les grands hommes; les grandes choses, des
choses durables; les changements ne font que
des choses précaires et ne fondent rien. Il n'est
de pouvoir fort et durable que le POUVOIR
UNIQUE.

Les républiques n'ont été que des positions
transitoires; ce ne sont que des épisodes dans
l'histoire; nous en dirons peu, par la raison
qu'on en a déjà beaucoup dit, pour ne pas servir
d'écho. Rien de plus absolu, de plus arbitraire,
de plus despotique que l'autorité populaire : le
despotisme de la multitude est cent fois plus
dangereux que le despotisme d'un seul. Rome
république n'eût jamais fait la conquête du
monde.

Le principe unitaire, qui est l'âme et la vie de
toutes sociétés politiques, ne réside pas seulement dans l'autorité souveraine et paternelle;
il vient de plus haut, et est dans tout le système
de la nature, dont le merveilleux mécanisme ne
reçoit le mouvement que d'un moteur UNIQUE,
auteur de toutes choses, qui est Dieu. Si ce principe avait régné chez les Gaulois, s'ils avaient été
unis par un lien unique, jamais les Gaules n'eussent été la proie des Romains; jamais les Saxons
n'eussent subjugué l'Angleterre si les Bretons

avaient été unis. L'union seule fait la force ;
point de force sans union, point d'union ni de
force sans unité.

Les sociétés se composent de trois éléments :
l'unité, qui exécute ; la justice, qui fait la loi ; la
loi, dont émane la justice.

Toutes sociétés supposent un chef unique,
comme tous mécanismes supposent un moteur :
c'est ce moteur qui donne la force, et la force qui
procure le mouvement.

Les grands moteurs d'une société sont donc
l'unité, la force et la justice, comme les quatre
grandes colonnes sur lesquelles repose l'édifice
social sont la religion, la loi, la force, l'administration.

La religion est la base de toutes les sociétés ;
c'est le nœud qui unit l'homme à Dieu, la grande
lumière qui explique les mystères de l'huma-
nité.

La loi et la force sont deux sœurs qui se don-
nent la main, l'une pour commander à la force,
l'autre pour faire obéir à la loi. Il est une loi au-
dessus de toutes les lois humaines, c'est la loi
divine ; comme il est une force au-dessus de toutes les forces réunies, c'est la FORCE DES
CHOSES.

L'administration est l'ensemble qui embrasse et réunit toutes les branches de l'économie sociale et politique ; c'est le point central où toutes ces branches vont aboutir. Une bonne administration est l'arme la plus puissante et le plus fort soutien des gouvernements.

La France, malgré le génie de l'homme qui la gouvernait, se fût-elle jamais élevée au rang où il sut la placer, sans l'unité du pouvoir, qui fut entre les mains de NAPOLÉON l'arme la plus puissante ?

Les sociétés politiques sont en grand ce que les sociétés privées sont en petit. Si tous les enfants voulaient être maîtres dans la maison, que deviendrait le sort des familles ? Les hommes ne sont-ils pas de grands enfants qu'il faut gouverner comme s'ils étaient en effet des enfants ; se conduire avec les enfants comme s'ils étaient des hommes n'étant assez sages pour se gouverner eux-mêmes. SÉVÉRITÉ et JUSTICE, ce sont là les deux grands moyens par lesquels on gouverne les hommes et les enfants ; c'est le lien qui attache le fils au père, le sujet au prince ; le levier avec lequel on soulèverait le monde.

Il est une grande vérité sociale, une grande maxime économique : c'est que le but de toutes les sociétés est d'être heureux ; et pour que les sujets soient heureux, il faut que le prince soit heureux.

Enfants, rendez heureux votre père, si vous voulez qu'il vous rende heureux.

Dans le moyen-âge, alors qu'un régime féodal avait fractionné l'autorité suprême, brisé l'unité, que voit-on ? Les guerres, les discordes civiles entre la royauté et les seigneurs, qui se disputent entre eux les lambeaux du pouvoir échappé des mains débiles des successeurs de CHARLEMAGNE. L'aurore d'un gouvernement unitaire avait commencé à poindre au huitième siècle ; ses rayons s'étendirent et s'éteignirent successivement. Sous LOUIS XI, le pouvoir royal tend à ressaisir l'unité ; RICHELIEU la rétablit, et les siècles de LOUIS XIV et de LOUIS XV en recueillent les fruits.

Confondne dans le chaos de la révolution de 1789, l'unité se perd de nouveau, et avec elle, le pouvoir, de nouveau fractionné, va aussi s'engloutir pour passer aux mains d'une foule de SOUVERAINS ÉLECTIFS ; de là, tous les maux qui en sont découlés, etc.

Le lion, le cheval, l'éléphant, seraient indomptables s'ils avaient le sentiment de leur force ;

le peuple connut la sienne, et, plus féroce que le lion, il fut plus cruel, rien ne put arrêter ni dompter sa fureur.

Au milieu du bouleversement général, épouvantable chaos où tout se confondit et se heurta, parut la fameuse déclaration DES DROITS DE L'HOMME ET DE LA SOUVERAINETÉ DU PEUPLE. On sait ce qui en advint; aussi ne lèverons-nous pas le voile qui couvre toutes les turpitudes de ce temps encore non loin de nous ! Mais, si ces scènes d'iniquités ne se sont pas entièrement renouvelées, nous en avons assez vu ; nous en avons trop vu, pour juger de ce qui nous restait à voir; il faut ici laisser encore le rideau baissé.

Il est un rapprochement bien remarquable qui ne peut échapper même à l'œil le moins observateur, et que nous ne pouvons nous dispenser de faire.

Nous avons dit, en commençant cet écrit, que la France avait deux fois essayé de la République; nous avons vu comment deux fois elle s'en est tirée, et ce qui lui en a coûté. Élevons maintenant les yeux vers le ciel, et remercions la Providence, dont les décrets sont impénétrables, mais dont on ne saurait méconnaître la main dans

lés deux révolutions qui se sont succédé à un de-
mi-siècle de distance. A ces deux époques de si
triste mémoire, la France, tombée, épuisée, avilie
à deux doigts de sa perte, se relève tout à coup
plus brillante et plus grande que jamais ; un
changement miraculeux s'opère, le calme succède à l'orage, l'ascendant d'un seul homme a
tout fait ; il élève la France au plus haut degré
de puissance et de gloire ; un autre vient ensuite,
à son apparition, tout change encore de face. La
France se réveille comme par enchantement ; elle
renaît, le passé s'efface, le présent console, l'avenir se dessine, l'espérance est dans tous les cœurs.
Ces deux hommes, nés d'un même sang, d'un
même esprit, d'un même génie, ces deux sau-
veurs de la France, est-il nécessaire de les nom-
mer ? Le burin de l'histoire ne les a-t-il pas déjà
recommandés à la postérité ? Leur nom n'y pas-
serera-t-il pas, comme le symbole de tout ce
qui est grand, mémorable ?

Le principe électif qui a succédé au gouvernement primitif, a duré jusqu'au partage de la
succession de CLOVIS ; il se peut que, par droit
de naissance, les fils de rois prenaient le titre de
Roi, mais c'étaient des rois sans royaumes, ne
pouvant exercer le pouvoir souverain que du
vœu ou du consentement de la nation.

On peut donc établir que depuis PHARAMOND, en 421, au partage de la succession de CLOVIS, en 511, ce qui comprend une période de quatre-vingt-dix ans, la royauté fut élective ; que depuis 511 jusqu'en 752, ce qui fait 241 ans, le principe électif se perdit pour reparaître sous PEPIN, père du chef de la seconde race jusqu'à HUGUES CAPET, chef de la troisième.

Aussi longtemps que les peuples vécurent errants, ne se réunissant que pour faire la guerre et courir après le butin, dans les pays voisins, ils n'eurent en vue que l'intérêt commun ; mais, lorsqu'une fois établis sur le sol conquis, devenus propriétaires, ils se séparèrent d'intérêt, ne songeant plus qu'à faire valoir leurs propriétés, ils négligèrent de se rendre aux assemblées nationales, celles-ci commencèrent à ne plus se tenir régulièrement, et l'on finit ensuite par ne plus les convoquer. Ainsi, la souveraineté du peuple dont jusque là avait joui le corps de la nation, passa dans le conseil des rois, des évêques, des leudes ou grands de la nation, qui formèrent une aristocratie, où les rois avaient la principale autorité ; ainsi se perdit insensiblement la souveraineté nationale, et se perdit aussi le principe électif pour faire place au principe héréditaire.

HÉRÉDITÉ et STABILITÉ sont, en matière de gouvernement, deux mots inséparables.

ÉLECTION et CHANGEMENT sont deux synonymes.

Le changement ne produit rien, la stabilité crée.

Celle-ci inspire la confiance, l'autre n'inspire qu'inquiétude et crainte ; sans confiance, point de gouvernement possible, point d'avenir.

TANT qu'il y aura des IDÉOLOGUES, qu'il sera permis à quelques hommes, doués d'une intelligence supérieure, de semer dans leurs écrits ou leurs discours des germes de discordes, de faire rejaillir tous les maux de la société sur ceux qui la dirigent ; tant que les esprits, toujours inquiets et agités, toujours tourmentés du besoin de changement, mettront les ambitions en mouvement, que ces mots pompeux et sonores de LIBERTÉ, d'ÉGALITÉ, de PROGRÈS, etc., susciteront au pouvoir des embarras, de la défaveur populaire ; que la force matérielle deviendra son seul rempart, il y aura des mécontents, des agitateurs, des commotions, des révolutions.

Mais les peuples qui ont fait, qui font, ou à qui l'on fait faire les révolutions, en sont-ils plus

heureux?... les besoins de la société, après tous
ces changements continuels de personnes et de
choses, ces déplacements de fortunes et d'auto-
rités, ne sont-ils pas toujours restés les mêmes?...
dans l'ordre immuable des sociétés, le pauvre
n'est-il pas toujours dépendant du riche et le
riche dépendant du pauvre?... Dieu, en jetant
l'homme sur la terre, a marqué la place qu'il
doit y tenir ; il a réglé les diverses conditions
sociales; le travail, l'éducation, l'intelligence,
L'OCCASION, que les anciens regardaient comme
une divinité à cause de l'influence qu'elle exerce
sur nos destinées, peuvent changer ces conditions; mais dans quelque position où le hasard
ait pu nous placer, qui n'est pas né pour commander est né pour obéir, et toutes ces idées
d'égalité, de liberté, ces grands mots qu'on ren-
contre dans tous les écrits et qui semblent dominer tous les esprits, que sont-ils à bien
prendre? l'égalité n'est pas sur la terre, elle
n'est que dans le ciel; tous les hommes diffè-
rent ou par leur organisation, leur caractère,
leur intelligence, ou par leur position sociale, —
pas un homme comme pas une feuille ne se res-
semble; la nature ne créa rien d'égal — l'é-
galité n'est que devant Dieu et devant la loi,
elle n'est que dans la tombe ; — la liberté, vé-

ritable chimère, mot vide de sens, qui plaît et séduit, n'est autre que la dépendance, — du premier jusqu'au dernier chaînon de la chaîne sociale; du plus petit jusqu'au plus grand, tous sont dépendants les uns des autres; tous se suivent et s'entr'aident, aucun ne peut se détacher pour agir sans le concours des autres; l'homme libre c'est l'homme isolé; dès qu'il entre dans la société il lui doit son tribut, il devient dépendant; — Il n'est pas de liberté sans dépendance, de dépendance sans liberté; dans l'état social, l'homme dépend de l'homme, — du plus bas échelon jusqu'au plus élevé, nous sommes tous dépendants les uns des autres, plus ou moins esclaves des convenances. Soumis aux devoirs de la société, assujettis à ses lois, — il n'est de liberté que le mot, de libre que l'être livré à lui-même; dès qu'il est en présence d'un autre, il cesse d'être libre pour rentrer dans la loi commune; — qu'est-ce donc après cela que la liberté?... les rois ne sont-ils pas les premiers esclaves de leur royaume?... et leurs chaînes pour être dorées, en sont-elles moins pesantes?...

Les libertés ne sont pas la liberté : celle-ci n'est que le droit individuel, celui que chacun a d'user de sa volonté dans les limites de la loi, —

les libertés sont les droits de tous, qui constituent le droit public d'une nation.

Dans ce pays des LIBERTÉS, où nous allons constamment chercher des modèles, que sont-elles ces libertés tant vantées? quand, dans une nuit, une presse cruelle enlève à leurs femmes, à leurs enfants éplorés de malheureux pères de de famille pour aller grossir les équipages des vaisseaux, rester à la·mer des années entières, et disparaître peut-être pour toujours. Voilà les LIBERTÉS ANGLAISES.

Les deux genres de presse, que l'on voit en Angleterre offrent un singulier contraste d'où ressortent les PERFECTIONS SOCIALES de cette fière nation, qui se pique d'être libre, et de fournir aux autres des exemples de civilisation ; d'un côté, une presse licencieuse, prêchant les liber-tés, de l'autre, une presse infâme, régime d'esclavage et de désespoir, pays des contrastes, assemblage inouï d'égoïsme, d'immoralités et d'abus, de servitude et de liberté, de richesses et de pauvreté...

Là, l'aristocratie religieuse, territoriale et industrielle dans toute sa splendeur ; le droit d'aînesse envahissant les fortunes ; des charges vénales expulsant le mérite au profit de l'argent ;

l'honneur conjugal racheté à prix de finances ; un antique et ridicule usage de vendre sa femme au marché comme une bête de somme, vestige d'une législation surannée indigne du XIX° siècle et d'une nation qui prétend tenir le sceptre des perfections sociales et qui ne sait pas saper d'un coup de hache ces vieilles coutumes immorales et barbares.

Là, un clergé fastueux, regorgeant de richesses, promenant sa oisive indolence à côté de l'humble et modeste pasteur, obligé de subvenir à son existence par des moyens souvent indignes de son ministère sacré ; des bénéfices, cumulés sur la tête des protégés de l'épiscopat, délaissant leur paroisse pour jouir des plaisirs mondains de la capitale, ou aller en pays étrangers, en France ou en Italie dépenser leur superflu, quand leurs pauvres vicaires, manquant du nécessaire, officient à leur place ; honteux scandale, égoïsme irréligieux, contraires à tous les principes évangéliques.

Les archevêques d'YORK et de CANTORBERY, dotés chacun de DOUZE CENT MILLE FRANCS par an ; vingt-quatre évêques anglicans, jouissant entre eux d'un revenu annuel de plus de SIX MILLIONS, affligeant contraste de l'exiguité des modiques rémunérations du modeste et respectable clergé de France.

Là, une noblesse orgueilleuse et superbe, saturée de privilèges, pliant sous le poids doré des produits de ses sinécures, insultant par son faste à la misère publique, qui se venge des mépris dont elle est l'objet en couvrant de boue le carosse armorié des fils dégénérés des preux de GUILLAUME LE CONQUÉRANT.

Là, le haut manufacturier, crésus avide, impitoyable, disputant quelques schelings au salaire des instruments humains de ses richesses ; malheureux serfs, attachés aux machines homicides comme les paysans du moyen-âge étaient attachés à la glèbe.

Ici, travaux abrutissants, pauvreté, privations ; une multitude affamée hurlant l'abolition des impôts sur les denrées nécessaires à son existence, vociférant autour des HUSTINGS où le tribun démagogique, orateur séditieux, souffle le feu des plus sauvages passions, et pousse à l'anarchie ; tel est, au vrai, le tableau de l'organisation sociale de ce pays si bien façonné au joug, si jaloux de ses libertés fictives, de sa civilisation anormale, bigarrée de tant de contrastes

les plus choquants mais que console le LEURRE
ÉLECTORAL...

N'est-ce pas en effet un véritable leurre, que
cette représentation idéale, qu'on achète à prix
d'or ; que l'on n'obtient que par l'intrigue ou la
menace, ou que l'argent à la main ?...

La corruption est le venin corrosif qui s'infiltre
dans le corps social, comme dans le corps hu-
main : il finit par détruire les états aussi bien que
les hommes.

La constitution d'Angleterre, dit MONTES-
QUIEU, périra lorsque la puissance législative
sera plus corrompue que la puissance exécutive,
c'est-à-dire lorsque l'intérêt particulier prévau-
dra sur l'intérêt général, que la richesse tiendra
lieu de conscience, et fera arriver à la représentation nationale des hommes plus soucieux de
leurs intérêts que de ceux de leurs commettants.

Et qu'est-ce, après tout, que la constitution
d'Angleterre ? — un roi sans royauté ; grand
corps qui n'a pas en soi le principe de son
mouvement, et est obligé de l'emprunter —
vaisseau équipé auquel le Parlement peut seul
donner ou retirer les eaux ; et qu'il peut à son
gré mettre à flot ou à sec, voilà la constitution
d'Angleterre...

Hâtons-nous toutefois de le dire, cette critique, peut-être un peu sévère, ne touche que l'organisation sociale, mais ne saurait en aucune manière atteindre la nation : tout en attaquant le principe, nous nous plaisons à reconnaître les qualités du grand peuple dont nous nous honorons d'être les voisins et les rivaux — et, s'il est certaines imperfections, certains vices dans les rouages de ce grand mécanisme social, ils disparaissent devant le puissant moteur, d'où il tire aussi le mouvement ; ce puissant moteur, ce moteur unique, c'est LA LOI (THE LAW) pour laquelle le peuple anglais plus qu'aucune autre nation professe un respect inviolable : en Angleterre, la loi c'est la souveraine, la souveraine, c'est la loi. — L'amour pour l'une, le respect pour l'autre sont égaux ; c'est ce respect admirable des gouvernés pour la loi et leur souveraine qui fait la force des gouvernants.

En 1815, le sel marin des eaux de la Tamise, s'infiltra dans celles de la Seine, et leur communiqua son principe délétère ; le règne de l'unité, règne des grands hommes et des grandes choses, fait place à un système EXOTIQUE, importé de l'autre rive ; c'est encore à la source anglicane que nous allons puiser les éléments de la science gouvernementale — à Dieu ne plaise que la France qui a fait ses preuves, et a montré ce dont elle est capable, soit, un jour, dans le cas de les renouveler ; mais ce cas échéant, que pourrait un chef, quelque habile qu'il soit, avec un pouvoir limité, TRINITAIRE ou TIERSÉ ? — s'il fallait pour agir attendre les effets de délibérations, de votes de subsides etc. ? — NAPOLÉON eût-il été si grand et la France si grande s'il se fût trouvé dans cette position ?

Il ne faut qu'une main, mais qu'une main solide pour tenir les rênes du char de l'État ; elles s'échappent d'une main faible, et le char entraîné vers l'abîme par des coursiers fougueux et sans frein court avec eux s'y précipiter.

Nous répétons ici ce que nous avons déjà dit ailleurs, mais les répétitions rappellent, elles ne sont pas toujours inutiles.

Résumons-nous en disant qu'en matière d'économie sociale, il est un principe incontestable, c'est que l'unité du pouvoir fait la base de toutes les sociétés constituées ; vérité, dont il n'est pas plus permis de douter qu'il n'est permis de douter de l'unité divine. C'est sur ce principe conservateur que doit reposer tout édifice social solide et durable. Dans une société où tous les hommes, par des vues particulières, dans un but égal, avec une intelligence inégale, veulent dominer, s'arroger le pouvoir, il est de l'intérêt général qu'aucune volonté partielle ne prévale et qu'une seule domine afin de faire prévaloir la volonté générale qui tend toujours vers le juste, et ce, sous peine de tomber dans l'anarchie. Les premières sociétés qui se sont formées en corps d'état, et ont fini par former des nations ont reconnu l'indispensable nécessité d'un chef unique. L'Egypte, le berceau de la monarchie et de la législation, fut aussi le berceau de l'unité. Gardons-nous toutefois de confondre ce mot ave le despotisme, l'un est tout conservateur, l'autre n'est que destructif; l'unité est le pouvoir général circonscrit dans les limites des lois fondamentales et de la constitution organique, le despotisme n'est que le pouvoir particulier, l'absence des lois et de la justice ; autant l'une est nécessaire au bien-être des sociétés, dont elle fait la force et la durée, autant l'autre est dangereux et précaire.

Les savants publicistes qui ont écrit sur la science sociale ne sont pas toujours les meilleurs maîtres à consulter ; le meilleur maître, c'est L'EXPÉRIENCE. C'est dans les pages de l'histoire qu'il faut chercher des exemples et des leçons; examiner ce qu'étaient et ce que sont les gouvernements unitaires ; ce qu'était Rome, sous le consulat et sous l'empire ; la France au temps de CHARLEMAGNE et de LOUIS XIV ; et, sans remonter si loin, ce qu'elle était sous le grand NAPOLÉON ; ce qu'elle est aujourd'hui sous le noble héritier de son nom ; ce sont là des témoins irrécusables, qui attestent la puissance du pouvoir unitaire. Et, si l'on vient à comparer ces temps de grandeur et de gloire, cette tranquillité parfaite dont nous jouissons, avec les hideux essais de 1793 et 1848, la comparaison sera bien triste...

Le droit d'élire, qui constitue la souveraineté du peuple ne constitue pas le pouvoir souverain : le véritable pouvoir souverain, c'est LA LOI ; elle seule est souveraine ; — elle est une pour tous ; — le prince qui gouverne n'est que le représentant unique de la loi; la loi personnifiée, —la loi ne meurt jamais ; le prince meurt ; avec lui finit son autorité; mais la souveraineté, qui est la loi, survit dans son successeur. — Prions le ciel de nous conserver l'élu de la nation; l'élu le plus légitime de la légitimité; prions-le de lui donner bientôt un HÉRITIER, de léguer à

ses descendants le grand et noble héritage des
NAPOLÉONS, puisque l'hérédité est le symbole
de la stabilité, comme celle-ci est le symbole des
prospérités sociales.

> Puisse sa dynastie,
> Parmi les siècles à venir,
> Revivant de sa vie,
> Perpétuer son souvenir !

Octobre 1852.

ODE

SUR LES JOURNÉES DE DÉCEMBRE,

ENVOYÉE, LE 8 DÉCEMBRE 1851,

AU PRINCE LOUIS-NAPOLÉON,

Par L. DAGNEAU.

———

« NÉCESSITÉS DU TEMPS, vous êtes accomplies,
» LE DROIT QUI VIENT DU PEUPLE ET LA FORCE DE DIEU. »(1)
Ces paroles d'en bas, là-haut ont retenties,
Dieu nous prêta sa main pour dénouer le nœu.

A l'ère qui finit une autre ère succède,
Pour sauver la patrie aux grands maux grand remède,
Les grandes actions font seules la grandeur,
Et l'on n'est jamais grand quand on est sans vigueur.

Après de sombres nuits, sortant de noirs orages,
Sous un ciel tout couvert encore de nuages,
Alors que le matin on voit à son réveil
Avec un nouveau jour luire un NOUVEAU SOLEIL,
Qu'aux éclats de la foudre, aux bruits de son tonnerre
Vient succéder enfin le calme sur la terre,
Alors que devant nous s'ouvre un autre destin,
De qui nous le prépare on doit bénir la main
Et dans tous ses décrets aider la Providence,
Qui nous prête son aide et veille sur la France.

(1) Propres paroles du Prince.

L'abîme était ouvert, nous allions y tomber,
Quand l'envoyé de Dieu vint nous en préserver ;
Quand d'un bras vigoureux, en habile pilote,
Le vaisseau de l'état releva de la côte.

Déplorons les malheurs de la nécessité,
Et les cas où l'on doit user d'extrémité,
Mais demandons au ciel sa divine assistance
Et prêtons notre appui au sauveur de la France,
Que tous autour de lui ne forment qu'un faisceau
Tout prêt à protéger sa personne sacrée,
A ses côtés marchons, que sur notre drapeau
      On écrive ces mots :
JE MARCHE, SUIVEZ-MOI (1) et la France est sauvée.

Français, prosternez-vous, bénissez l'Éternel ;
Gloire à Dieu, gloire à l'homme et gloire à cette armée
Qui d'un lustre nouveau, d'un fleuron immortel
Vient couronner encor sa vieille renommée.

Et vous tous, hommes d'ordre, amis de notre France,
Secondez le pouvoir qui veille à sa défense,
Mais souvenez-vous bien de cette vérité,
Napoléon devient une nécessité.

ENVOI.

Successeur d'un grand nom, d'un nom si bien porté ;
Digne et noble héritier de la plus noble épée.
Le plus sûr palladium de notre sûreté,
Je dépose à vos pieds cette courte épopée.

(1) Paroles du Prince.

LETTRES GRAMMAIRIENNES

A ÉMILIE,

Par le même Auteur.

HISTOIRE ET ORIGINE

DE

LA MONARCHIE

FRANÇAISE ET ANGLAISE

ou

LES DEUX NATIONS EN FACE,

Par le même Auteur.

NOTA. Ces deux Manuscrits sont en vente ou à éditer.

S'adresser à l'Auteur, rue de Bondy, 64.

Paris. — Imprimerie de DUBUISSON, rue Coq-Héron, 5.

www.ingramcontent.com/pod-product-compliance
Ingram Content Group UK Ltd.
Pitfield, Milton Keynes, MK11 3LW, UK
UKHW020129080726
13614UKWH00005B/2129